I0814084

MES AMIS LES ANIMAUX DU ZOO
LES GIRAFES
AMY CULLIFORD
Un livre de la collection
Les racines de Crabtree
CRABTREE
Publishing Company
www.crabtreebooks.com

Soutien de l'école à la maison pour les parents, les gardiens et les enseignants

Ce livre aide les enfants à se développer grâce à la pratique de la lecture. Voici quelques exemples de questions pour aider le lecteur ou la lectrice à développer ses capacités de compréhension. Les suggestions de réponses sont indiquées en rouge.

Avant la lecture

- De quoi ce livre parle-t-il?
    - *Je pense que ce livre parle des girafes.*
    - *Je pense que ce livre parle de ce que les girafes aiment faire.*

- Qu'est-ce que je veux apprendre sur ce sujet?
    - *Je veux savoir ce que boivent les girafes.*
    - *Je veux apprendre de quelles couleurs peuvent être les girafes.*

Pendant la lecture

- Je me demande pourquoi...
    - *Je me demande pourquoi les girafes sont grandes.*
    - *Je me demande pourquoi les girafes mangent beaucoup.*

- Qu'est-ce que j'ai appris jusqu'à présent?
    - *J'ai appris que les girafes peuvent courir.*
    - *J'ai appris que les girafes boivent de l'eau.*

Après la lecture

- Nomme quelques détails que tu as retenus.
    - *J'ai appris que les girafes ont un long cou.*
    - *J'ai appris que les girafes peuvent être blanc, jaune et brun.*

- Lis le livre à nouveau et cherche les mots de vocabulaire.
    - *Je vois le mot **grandes** à la page 6 et le mot **boivent** à la page 12. L'autre mot de vocabulaire se trouve à la page 14.*

Voici une **girafe**.

La plupart des girafes sont blanc, jaune et brun.

La plupart des girafes sont **grandes**.

Toutes les girafes peuvent courir.

La plupart des girafes mangent toute la journée.

Toutes les girafes **boivent** de l'eau.

Liste de mots

Mots courants

et
plupart
une
mangent
sont
voici
peuvent
toutes

La boîte à mots

boivent

girafe

grandes

37 mots

Voici une **girafe**.

La plupart des girafes sont blanc, jaune et brun.

La plupart des girafes sont **grandes**.

Toutes les girafes peuvent courir.

La plupart des girafes mangent toute la journée.

Toutes les girafes **boivent** de l'eau.

Autrice : Amy Culliford
Conception : Rhea Wallace
Développement de la série : James Earley
Correctrice : Janine Deschenes
Conseils pédagogiques : Marie Lemke M.Ed.
Traduction : Annie Evearts
Coordinatrice à l'impression : Katherine Berti
Références photographiques :
Shutterstock : Gastan Piccinetti : couverture; Chaithanya Krishan : p. 1; Bambi2020 : p. 3, 14; RMFerreira : p. 5; Smithy55 : p. 7, 14; Jeannette Katzier : p. 8; JOel Shawn : p. 11; Stacey Ann Alberts : p. 12-13, 14

Crabtree Publishing Company

www.crabtreebooks.com 1-800-387-7650

Publié aux États-Unis
Crabtree Publishing
347 Fifth Avenue
Suite 1402-145
New York, NY, 10016

Publié au Canada
Crabtree Publishing
616 Welland Ave.
St. Catharines, Ontario
L2M 5V6

Imprimé au Canada/062021/CPC

Catalogage avant publication de Bibliothèque et Archives Canada

Titre: Les girafes / Amy Culliford ; texte français d'Annie Evearts.
Autres titres: Giraffes. Français.
Noms: Culliford, Amy, 1992- auteur.
Description: Mention de collection: Mes amis les animaux du zoo | Les racines de Crabtree | Traduction de : Giraffes. | Comprend un index.
Identifiants: Canadiana (livre imprimé) 20210272163 | Canadiana (livre numérique) 20210272279 | ISBN 9781039607576 (couverture souple) | ISBN 9781039607637 (HTML) | ISBN 9781039607699 (EPUB) | ISBN 9781039607750 (livre numérique avec narration)
Vedettes-matière: RVM: Girafes—Ouvrages pour la jeunesse. | RVMGF: Documents pour la jeunesse.
Classification: LCC QL795.G55 C8514 2022 | CDD j599.638—dc23